La puissance par le

Baptême De feu

Dr. D. K. Olukoya

LA PUISSANCE PAR BAPTÊME DU FEU

Par

Dr. D. K. Olukoya

LA PUISSANCE PAR BAPTÊME DU FEU
©2010 Dr. D.K. Olukoya
Une publication des :
Ministères de la Montagne de Feu et des Miracles.
13, Olasimbo Street, off Olumo road (UNILAG second gate)
Onike, Iwaya. Lagos. Nigeria
www.mountainoffire.org

ISBN: *978-0692470091*

Pour de plus amples détails ou l'obtention d'une autorisation, adressez-vous à :
Email: pasteurdanielolukoya_french@yahoo.fr
mfmhqworldwide@mountainoffire.org
Ou visitez le site: www.mountainoffire.org
http://mfmbiligualbooks4evangelism.blogspot.com/

Je veux vous encourager à lire ce livre de façon dévouée particulièrement si vous n'êtes pas satisfaits de votre vie spirituelle présente et voulez son amélioration. Exodes 3 : 1-6 : " Moïse faisait paître le troupeau de Jéthro, son beau-père, sacrificateur de Madian; et il mena le troupeau derrière le désert, et vint à la montagne de Dieu, à Horeb. L'ange de l'Éternel lui apparut dans une flamme de feu, au milieu d'un buisson. Moïse regarda; et voici, le buisson était tout en feu, et le buisson ne se consumait point. Moïse dit: Je veux me détourner pour voir quelle est cette grande vision, et pourquoi le buisson ne se consume point. L'Éternel vit qu'il se détournait pour voir; et Dieu l'appela du milieu du buisson, et dit: Moïse! Moïse! "Et quand le Seigneur a vu qu'il s'est détourné pour voir, Dieu l'a appelé du milieu du buisson et a dit, Moïse, Moïse un double appel de Dieu. Dans le livre de Samuel, quand Dieu a appelé Samuel il a dit, Samuel Samuel, un double appel. Et Il a dit, " Et il répondit: Me voici! Dieu dit: N'approche pas d'ici, ôte tes souliers de tes pieds, car le lieu sur lequel tu te tiens est une terre sainte. Et il ajouta: Je suis le Dieu de ton père, le Dieu d'Abraham, le Dieu d'Isaac et le Dieu de Jacob. Moïse se cacha le visage, car il craignait de regarder Dieu. "

Nous trouvons un des événements les plus importants dans l'Ecriture sainte dans ce qui précède. La Bible a été divisée en ce que les étudiants de Bible appellent des dispensations, qui signifie les périodes différentes de temps. Ce temps particulier a signalé le commencement de ce que nous appelons la dispensation de la loi. Il nous parle d'un homme appelé Moïse. Les gens disent beaucoup de choses du buisson qui n'a pas brûlé, parce que dans le désert vous trouvez beaucoup de feuilles sèches, des arbres secs, des toiles d'araignée, des nids d'oiseau et toutes sortes de choses qui sont inflammables. Ces choses étaient dans ce buisson quand le buisson a pris feu, cependant il n'a pas été consumé. Il y avait de bonnes matières pour alimenter le feu mais le feu a refusé le contenu du buisson qui était son propre apport de carburant. Le carburant qui a fourni l'énergie au feu n'était pas de ce buisson, le feu s'est supporté. Donc, ce n'était pas un feu ordinaire. Le centre du feu était sur Moïse. Moïse l'a vu, s'est détourné et là, il a reçu son appel. Et la Bible nous dit que de tous les prophètes, il n'y avait personne comme Moïse qui a parlé à Dieu face à face. Il était un homme très important de Dieu. Si vous lisez son histoire vous découvrirez que même le diable a essayé de le tuer à un jeune âge, de même que le diable a essayé de tuer Jésus à un jeune âge. Parfois à MFM, quand nous disons, "Priez contre l'esprit de Hérode," beaucoup de personnes ne comprennent pas ce que nous voulons dire. L'esprit d'Hérode est l'esprit qui tue de bonnes choses dans l'enfance. Hérode était l'homme qui a tué tous les bébés de moins de deux ans parce qu'il voulait tuer Jésus. Le diable a essayé de tuer Moïse dans l'eau où il avait été mis, mais Dieu a empêché cela. Le diable essaye de tuer beaucoup de personnes parce qu'il connaît ce que Dieu fera dans leurs vies. Moïse est allé à la meilleure université du monde parce que l'Egypte était le meilleur centre de connaissance du monde en ces temps là. Il a appris toute la sagesse des Egyptiens. Il a vécu dans le palais du roi.

L'incident que nous décrivons maintenant est arrivé au Mont d'Horeb. Horeb signifie perte ou désert. Tous les hommes de Dieu devaient passer par le désert. Moïse est passé par son propre désert. Elie l'a fait aussi. Jean Baptiste et même Jésus notre Seigneur sont passés par leurs propres déserts. Jésus y était pendant 40 jours et 40 nuits. Tous les hommes saints de Dieu et ceux qui veulent être utiles pour le ministère de Dieu doivent passer par cet endroit dans leur vie, l'endroit où le feu brûle le buisson et le buisson n'est pas consumé. Moïse est mort à l'âge de 120 ans.

Il a passé ses 40 premières années en Egypte. Un désastre en a résulté parce qu'il a fini comme meurtrier. Pourquoi ? Parce qu'il a essayé d'utiliser sa propre force, il a essayé d'utiliser la main de chair que nous connaissons. Il a fini comme meurtrier. Il a fui l'Egypte à l'âge de 40 ans pour un endroit appelé Madian et là il a fait le genre de travail que les Egyptiens détestaient tant; le travail sale de berger qu'un diplômé ne devrait pas faire. Il ne savait pas que Dieu lui apprenait le principe de berger, car le temps venait sous peu où il devait conduire trois millions personnes dans le désert, comme Pierre a d'abord appris comment pêcher les poissons et ensuite il a appris comment pêcher les hommes.

Il a vu le Buisson ardent à 80 ans. C'est le moment où il a rencontré Dieu et sa vie n'est plus jamais restée la même. Sa vie a eu un sens et avait maintenant un but.

Il savait pourquoi il avait été appelé. Il a découvert le but de Dieu pour sa vie. Il y a beaucoup de personnes qui ne connaissent pas le but de Dieu pour leurs vies et par conséquence ils font de mauvaises choses. Ainsi, dans le résumé, Moïse a passé les 40 premières années de sa vie pensant qu'il était quelqu'un. Il a passé les 40 autres à apprendre qu'il n'était personne. Et ensuite il a passé les 40 dernières années à voire ce que Dieu pouvait faire avec M. Personne. Il ne savait que faire jusqu'à ce qu'il rencontre par hasard le feu.

Job 20:26 : "Toutes les calamités sont réservées à ses trésors; Il sera consumé par un feu que n'allumera point l'homme..." Job a découvert le feu que personne n'a allumé. Ce sont les hommes qui se sont placés comme ça pour être utiles à Dieu dans toutes les façons.

Luc 3:16-17 : "il leur dit à tous: Moi, je vous baptise d'eau; mais il vient, celui qui est plus puissant que moi, et je ne suis pas digne de délier la courroie de ses souliers. Lui, il vous baptisera du Saint Esprit et de feu. Il a son van à la main; il nettoiera son aire, et il amassera le blé dans son grenier, mais il brûlera la paille dans un feu qui ne s'éteint point." Jean le Baptiste était un messager puissant. La Bible nous dit que ses vêtements étaient des vêtements tissés de poil de chameau et une ceinture de cuir et sa nourriture était la sauterelle et le miel. Jésus nous a dit que parmi les hommes nés d'une femme, personne n'était plus grand que Jean le Baptiste. Il était le signe précurseur de notre Seigneur Jésus Christ. Une étude de la vie de Jean le Baptiste révèle qu'il avait beaucoup de merveilleuses qualités et l'inoubliable était qu'il était très précis dans tout ce qu'il faisait.

Par Dr. D. K. Olukoya

Il a dit, "je baptise mais mon baptême est avec de l'eau, quelqu'un d'autre vient qui vous baptisera avec du Saint-Esprit et de feu." Beaucoup de gens connaissent le baptême d'eau. Nous remercions Dieu pour cela parce que quand nous sommes baptisés dans l'eau c'est le symbole que nous sommes morts avec Christ et avons ressuscité. C'est bon aussi quand vous êtes baptisés dans l'Esprit Saint vous pouvez parler en d'autres langues, vous pouvez prophétiser et toutes sortes de choses peuvent arriver, mais très peu de personnes connaissent ce que nous entendons par baptême de feu. En fait, plusieurs qui prétendent connaître ce que cela signifie vraiment ne le savent pas. Mais le verset 17 le rend très clair. La paille est le déchet des grains de maïs. À cette époque en Israël quand les gens voulaient enlever la paille du grain de maïs, ils séparaient la paille du grain de maïs et le brûlaient avec du feu parce que s'ils ne le brûlaient pas, le vent soufflait dans le grain, qu'ils avaient nettoyé.

Le blé représente le bien dans nos vies; ce qui est produit par l'Esprit Saint. La paille représente le mal en nous, produit par la chair. Le Seigneur sait comment séparer le blé de la paille. Parfois quand Il nous le fait nous sentons la chaleur dans un domaine particulier de nos vies, que nous aimons chèrement et ne sommes pas prêts à lâcher. Nous avons tous quelques articles dans la salle d'exposition de nos vies qui ne sont pas de valeur pour Dieu. Parfois quand Dieu commence à toucher ces choses, nous nous plaignons que la douleur soit trop forte alors que c'est la chaleur d'affinage de Dieu. Alors il sépare la paille du grain et le brûle avec le feu parce que s'il ne brûle pas avec le feu, le vent le soufflera et le ramènera dans le grain, qu'il avait nettoyé.

Quand Dieu vous passe par le feu, vous sortirez un meilleur vase pour servir l'eau de vie aux gens. Dieu utilisera nos vases tant froids que chauds. Si vous êtes dans la maison de Dieu maintenant et vous êtes chauds pour le Seigneur, Il vous utilisera et si vous êtes froids, Il vous utilisera. Vous pouvez vous demander comment Il peut vous utiliser si vous êtes froids. Il vous utilisera comme un exemple pour d'autres à ne pas suivre. Il l'a fait aux enfants d'Israël plusieurs fois. Quand ils ont fait le mal, Il les a disciplinés pour que personne ne les suive. Mais si vous êtes chauds Il vous utilisera au ministère de la grâce pour certains et Il vous utilisera comme un exemple à suivre pour d'autres. Le seul genre de personnes que

Dieu n'utilisera pas du tout est les gens tièdes. Il les abandonne juste sur l'étagère. Ils seront des stocks sur l'étagère comme des marchandises expirées. Donc vous devez permettre au feu de Dieu de faire un travail profond en vous aujourd'hui.

Il y a longtemps, ce pays a été jeté dans des ténèbres profondes. Le sacrifice humain était banal et beaucoup de choses horribles sont arrivées. Quelqu'un qui portait une belle robe ne se réveillait pas le jour suivant. Les gens ont peur de mentionner le nom des sorcières, ils les appellent par des surnoms parce qu'ils ont peur de mourir. Dans certains endroits dans ce pays, les sorcières sortaient de jour, les gens pillaient les bébés âgés d'un jour dans des mortiers pour ensuite les utiliser pour les fétiches, certaines personnes ont reçu jusqu'à 2,000 incisions et nous avions beaucoup de mauvais arbres qui grandissaient autour. Parfois quand les hommes de Dieu coupaient ces arbres, le sang coulait d'eux, ou parfois le jour suivant, ils commençaient à repousser comme si vous ne les aviez pas coupés. Les vies des gens étaient régulées par la superstition. Vous ne pouviez pas siffler la nuit ou dire le mot serpent.

Certains chasseurs ont tiré sur des animaux qui se sont transformés en personnes. Beaucoup de roches et pierres exigeaient l'adoration et si on ne les adorait pas, c'étaient là des problèmes.

On nous a parlé d'un roi qui avait une machette spéciale qui provoquait l'incendie et les gens avaient peur de lui. Mais alors quelque chose est arrivé. Dieu a éveillé certains hommes dans ce pays qui ont reçu l'Esprit Saint et les dons de parler en langue et des vibrations de corps. Ils ont reçu le baptême du feu. Ces hommes sont entrés dans des forêts interdites, ont arrêté la mise à mort des jumeaux, ont fait taire des démons puissants et les ont chassés de leurs cachettes. Un de ces hommes est arrivé à ce roi et a commandé l'impuissance de la machette et ses étincellement ont immédiatement cessé.

LE BAPTÊME DE FEU

La vérité est qu'il y a beaucoup de personnes qui ont le baptême de Saint Esprit, mais il y a très peu de personnes qui ont reçu le baptême du feu. Ceux qui ont reçu le baptême du feu ne s'occupent pas du fait que quelqu'un soit problématique ou pas. Il y a des caractères que vous remarquerez en eux. Partout où Dieu est apparu dans l'Ancien Testament, le feu était toujours présent. Le feu symbolise la présence de Dieu, le feu qui ne s'éteint point. Nous nous rappelons du Dieu d'Elie, celui qui a répondu par le feu. Un fer ne se plie pas facilement à moins que vous ne le mettiez dans le feu et que cela chauffe. La raison pour laquelle certaines personnes n'ont pas été pliées est qu'il n'y a aucun feu en eux. Donc, Dieu dit, "Bien, je vous abandonne à votre situation." Dieu ne m'abandonnera pas dans ma situation, au nom de Jésus. "

Quand vous passez par le baptême de feu, Dieu reprogrammera votre vie. Beaucoup de gens reprogramment leurs propres vies selon leurs parents qui ont fait des erreurs et sont maintenant dans le feu de l'enfer. Ils disent, "parce que mon papa était membre de tel endroit je dois être là et mourir là." Puisse Dieu avoir pitié d'eux. Dieu pleure, "Soyez reprogrammé, soyez reprogrammé," mais ils refusent d'être reprogrammés. Les gens détestent tellement le changement, mais c'est ce qui apporte le progrès. C'est parce qu'ils ne sont pas passés par le baptême du feu et donc Dieu trouve difficile de les plier. Il les abandonne juste. Le boiteux battra le tambour tandis que le lépreux chantera et un enfant de Dieu qui n'a pas été reprogrammé dansera. C'est très malheureux. Il y a beaucoup de telles personnes qui ne changeront pas. C'est la vérité de la parole de Dieu. L'or brut qu'on vient juste de retirer de la terre n'a pas bonne figure. Mais quand on le passe par le feu pour enlever les impuretés, il sort propre.

La raison pour laquelle les esprits impurs et toutes sortes de choses se cachent toujours dans certaines vies est qu'il n'y a aucun feu en eux. Bien-aimé, nous avons besoin du feu de Dieu dans notre milieu et quand il entre, la promesse de la parole de Dieu se réalisera. Les étrangers disparaîtront et seront hors de leurs cachettes, parce que quand le feu entre, il n'épargne pas les fourmis, les éléphants ou les serpents, il brûle tout.

Mais beaucoup de personnes ont peur ce qui arrivera s'ils osent passer par le feu. Si vous êtes comme cela, vous devez être reprogrammés. Cela peut être votre dernier appel. Le feu produira la chaleur et fera des gens chauds.

La raison pour laquelle certaines personnes sont si lentes quand il s'agit du développement spirituel et des choses de

Dieu est qu'il n'y a aucun feu, aucun baptême du feu. Tout ce qu'ils font est parler en langue : "Baba bakakaka," et après cela, ils dorment et ceux qui travaillent de nuit viennent dire, "Bien, vous avez fini avec votre langue c'est le temps du repas de nuit." Et la personne qui parlait en langues commence maintenant à consommer la nourriture, qui affaiblit sa vie spirituelle.

Comment les païens peuvent-ils vous courir après, une fille Chrétienne ? Vous priez pour un mari Chrétien et les hommes mariés et les païens vous trouvent belle. Quelque chose ne va pas quelque part. Quelque chose doit être brûlée dans votre vie pour enlever cet aimant attirant de mauvaises personnes.

LE FEU CUIT

La raison pour laquelle certaines personnes
ont un grand début et ont la pauvre fin est
qu'il n'y avait aucun feu. Le feu symbolise la
puissance et le manque de feu rend la
personne impuissante. Le feu produit la
lumière et sans elle, il y a les ténèbres.

Avez-vous reçu le baptême du feu ? Le
manque de ce baptême est la raison pour
laquelle beaucoup de Chrétiens souffrent.
Un Chrétien qui n'est pas intéressé n'a aucun
feu. Un Chrétien qui n'est pas enthousiasmé
des choses de Dieu n'a aucun feu. Un
Chrétien qui est déprimé par de longue
prière, n'a aucun feu. Si certaines choses
viennent toujours vous oppresser sur vous
sur votre lit, c'est parce qu'il n'y a aucun feu.
Les sorcières et des magiciens errent autour

de la maison librement quand ils savent que la personne est froide. Les gens sont pressés de sortir de la présence de Dieu. Quand ils sont dans la maison de Dieu, ils sont toujours pressés de partir. Pour certains, la prière et le jeûne deviennent très difficiles parce qu'il n'y a aucun feu. Certaines personnes viennent au MFM et disent, "je remercie Dieu que ma vie de prière a changé." Nous ne vous demandons pas d'améliorer votre vie de prière pour juste pour vous améliorer, mais pour que cela emmène le feu. Peut-être votre baptême du Saint-Esprit est juste pour parler en langues, vous oubliez qu'il y a une différence entre posséder le Saint Esprit et être possédé par le Saint Esprit Saint. Le Saint Esprit ne vous possédera pas jusqu'à ce que vous soyez passé par le baptême du feu, parce que quand la paille est toujours là cela signifie que le feu ne l'a pas brûlé. De cette façon le Saint Esprit ne peut pas vous posséder entièrement. Il peut seulement entrer et agir d'une petite façon. Mais pour la possession totale, le feu doit descendre.

Vous voulez régner avec Christ, mais jamais dans votre vie vous avez eu une vision du ciel. Ce que vous voyez sont des masques, les oppresseurs de nuit et les serpents. Avec quel Jésus voulez-vous régner quand ce sont ces choses que vous voyez. Quand les autres disent, "j'ai vu les anges de Dieu vivant louer Dieu dans le ciel et je les ai rejoints, c'était si merveilleux," vous dites, "j'ai vu des serpents." Vous devriez avoir honte de prêcher l'évangile.

Plusieurs sont juste des vainqueurs, mais pas plus que vainqueurs. Quelqu'un qui est plus que vainqueur vaincra non seulement, mais il prendra aussi des captifs. Combien de

captifs avez-vous pris pour le Seigneur?
Certaines personnes prient et disent qu'ils
veulent grandir dans le Seigneur, mais cela
ne vient pas de leur cœur. Quelque chose dit,
non, vous ne pouvez pas grandir.

C'est le manque du baptême du feu qui fait
que ce soit difficile pour des gens de fuir les
choses étranges et des situations. Toutes les
vertus de beaucoup d'hommes ont été
enterrées sous la mer par les pouvoirs
étranges qui ont rassemblé leur sperme et l'y
ont stocké et ils se plaisent à courir ça et là.
C'est parce qu'il n'y a aucun feu dans leurs
vies.

Quand vous recevez le baptême du feu trois choses arriveront :

1. Jeremiah 20 : 9 dit, " Si je dis: Je ne ferai plus mention de lui, Je ne parlerai plus en son nom, Il y a dans mon cœur comme un feu dévorant Qui est renfermé dans mes os. Je m'efforce de le contenir, et je ne le puis." Quand vous recevez le baptême de feu vous ne pouvez pas vous détendre. Il n'est pas possible de vous détendre parce que le feu ne vous laissera pas. Vous ne pouvez pas voir des pécheurs et vous sentir insouciants. Vous ne pourriez pas rester sans prier et vous trouverez difficile le fait d'être loin de votre Bible. Vous voudriez vous asseoir et le parcourir. C'est ce que nous appelons le baptême du feu.

2. 1 Corinthiens 9 : 16 dit, " Si j'annonce l'Évangile, ce n'est pas pour moi un sujet de gloire, car la nécessité m'en est imposée, et malheur à moi si je n'annonce pas l'Évangile!" Vous ne pouvez pas arrêter de prêcher. Quand les occultes ou les sorciers vous verront, ils vont vous remarquer et vous éviteront.

3. Job 32 : 19-20 dit, " Mon intérieur est comme un vin qui n'a pas d'issue, Comme des outres neuves qui vont éclater. Je parlerai pour respirer à l'aise, J'ouvrirai mes lèvres et je répondrai." La puissance de Dieu brûlera en vous. Vous vous réveillerez pendant la nuit en parlant en langues. Dieu vous parlera et vous verrez ce que Dieu veut que vous fassiez. Vous ne vivrez pas dans l'obscurité ou le demi-jour.

Avez-vous reçu le baptême du feu ? Une femme enceinte qui avait le baptême du feu est allée au marché. Là, elle a par erreur marché sur ce qu'un adorateur d'idole a installé pour vendre. L'adorateur d'idole a bondi et a commencé à proférer des malédictions sur elle alors qu'elle disait être désolée. Il a frotté ses bâtons et le feu a commencé à sortir de sa bouche. Cette femme enceinte a dit, "j'arrête ce feu de votre bouche, au nom de Jésus," et le feu s'est arrêté. L'homme a dit, "qu'avez-vous fait maintenant ?" La femme a dit, "j'ai parlé à votre feu, au nom de Jésus et deuxièmement, je vous ai rendu toutes vos malédictions, au nom de Jésus." Quand l'homme l'a entendu dire cela, il s'est enfui. Si la femme n'avait aucun baptême de feu, cela aurait été un jour terrible pour elle. En fait, la puissance des ténèbres aurait pu changer son bébé. Malheureusement, beaucoup de gens devient des amis avec des extincteurs.

Qu'est-ce qui arrête le feu de Dieu ?

LES EXTINCTEURS DU FEU

La convoitise : Votre imagination satisfait le fait d'être impurs.

L'idolâtrie : si vous permettez à quoi que ce soit de venir entre vous et votre Dieu, cela devient une idole. Par exemple, votre travail, votre argent, etc.

La paresse : Vie d'aisance à la maison et le manque d'ardeur pour les choses de Dieu et la haine des longues sessions de prière. Ce sont des extincteurs.

Sur-sensibilité : l'Amertume monte rapidement dans les cœurs de certaines personnes quand quelqu'un n'est pas d'accord avec eux.

Esprit critique.

Le commérage : Tous les commérages sont les annonceurs du diable.

Souci : c'est quand vous tenez beaucoup à l'avenir.

L'égoïsme : c'est quand vous ignorez l'intérêt des autres et vous êtes seulement intéressés par vous.

La distraction : c'est quand vous êtes incapables de vous concentrer sur Christ et vous trouvez difficile de lire la Bible et en gagner quelque chose.

La position.

Le découragement : certaines personnes sont facilement découragées. Au premier signe d'échec, ils s'enfuient. Ils renoncent quand les choses sont dures.

Langue injurieuse : certaines personnes ne peuvent pas contrôler leur tempérament. La dépression: c'est quand vous permettez au désespoir de s'emparer de vous. Vous pensez toujours à vos problèmes et vous vous éloignez des personnes quand la Bible dit, "Je ne serai pas dans le désespoir car je crois que je verrai les bontés de Dieu."

La peur: toute sorte de peur dans la vie des gens.

Le report: c'est quand vous planifiez d'aller plus loin et en profondeur et que vous le remettez toujours à un autre jour.

Le manque de contrôle sexuel : les gens qui sont dans cette catégorie doivent oublier la croissance spirituelle.

Les ennemis de notre âme ont la machine de balayage la plus puissante que vous pouvez penser. Ils peuvent regarder et localiser nos faiblesses rapidement. Ils luttent afin que les gens ne reçoivent pas le baptême du feu. Quand le baptême du feu descend sur une personne, la personne peut prophétiser pendant cinq heures sans arrêt. Beaucoup de choses seront tirées de la vie de la personne. Elle ne doit pas prier pour être délivrée. Le feu répondra à tout. Toutes les infirmités disparaîtront. Quand le feu se jette sur le fibrome ou quoi que ce soit, il fond parce que Dieu ne l'a pas créé en vous. C'est la paille et le feu doit le brûler.

Bien-aimé, si vous êtes prêt aujourd'hui, je veux que vous courbiez votre tête et commencez à demander au Seigneur de vous pardonner n'importe quel péché qui empêcherait le feu de descendre sur vous, parce que pendant la session de prière le feu descendra et les choses brûleront et vous serez propulsé dans un royaume plus haut. Vous irez de la position de faiblesse à celle de la puissance. Quand certaines personnes sont venues contre Elie et lui ont tendu l'invitation à l'échec, il a dit, "Au lieu que moi je descende, que le feu descende." Et c'est comme cela que 102 personnes furent consumées. Le troisième groupe de 51 personnes qui sont venues vers lui a eu une approche différente parce qu'ils avaient peur de mourir. Quand vous êtes dans la position d'Elie, qui est l'ennemi qui peut s'asseoir sur votre cerveau ou votre affaire ? Vous n'aurez pas besoin d'aller à l'hôpital quand vous avez le grand Médecin.

S'il vous plaît, si vous n'êtes pas prêt pour que le feu descende quand vous priez, ne priez pas.

POINTS DE PRIÈRE

1. Feu du Saint-Esprit, descends sur moi, au nom de Jésus.
2. Tous les étrangers, lâchez prise, au nom de Jésus.
3. O Seigneur, crucifie-moi sur ton autel maintenant, au nom de Jésus.
4. O Seigneur, ravive-moi par le Saint-Esprit, au nom de Jésus.
5. Tout ce qui coopère avec le mal dans ma vie, arrête ta coopération, au nom de Jésus.
6. Ma vie, commence à coopérer avec le Saint-Esprit, au nom de Jésus.
7. Toutes les choses négatives que j'ai mangées, je refuse de vous manger désormais, au nom   de Jésus.
8. Feu de Dieu, descends dans ma vie maintenant, au nom de Jésus.

9. (Tendez vos mains en disant :) Seigneur, mets la tête de mon Goliath dans mes mains, au nom de Jésus.

10. Mon ennemi se prosternera devant moi, au nom de Jésus.

11. O Dieu, fais de moi un vase de ta puissance, au nom de Jésus.

A PROPOS DU DR D.K. OLUKOYA

Le Dr. D.K. Olukoya est Pasteur principal et Superviseur Général des Ministères de la Montagnes de Feu et des Miracles et des Ministères du Cri de Guerre. Il est titulaire d'une licence de Microbiologie de l'Université de Lagos au Nigeria, et d'un doctorat dans le domaine de Génétique Moléculaire de l'Université de Reading, au Royaume Uni. Comme chercheur, il a plus de quatre-vingts publications à son actif.

Oint par Dieu, le Dr. Olukoya est un enseignant, un prophète, un évangéliste et un prédicateur de la Parole de Dieu. Sa vie et celle de sa femme, Shade, et leur fils, Elijah Toluwani, sont des preuves vivantes que tout pouvoir est à Dieu.

A PROPOS DU MINISTERE DE LA MONTAGNE DE FEU ET DES MIRACLES

Le **Ministère de la Montagne de Feu et des Miracles** (MFM) est un Ministère du Plein Evangile consacré au réveil des signes apostoliques, aux œuvres et miracles du Feu du Saint Esprit et à la démonstration illimitée de la puissance de Dieu à délivrer au-delà de toute mesure. On y enseigne ouvertement la Sainteté absolue à l'intérieur et à l'extérieur comme étant le plus grand désinfectant spirituel et une condition préalable pour aller au Ciel.

MFM est un Ministère Evangélique de " faites-le vous-même " où vos mains sont entraînées au combat et vos doigts à la bataille.

Brève histoire du Ministère de la Montagne de Feu et des Miracles

Le Ministère de la Montagne de Feu et des Miracles fut fondé en 1989. La première réunion s'était tenue au domicile du Dr. Olukoya, à laquelle avaient assisté 24 personnes. L'église a ensuite emménagé au N°60, Old Yaba Road, Lagos, puis au site de la Direction Générale actuelle, le 24 Avril 1994.

La Direction Générale du Ministère de la Montagne de Feu et des Miracles est la plus grande congrégation Chrétienne en Afrique capable de contenir plus de 200.000 fidèles en un seul culte.

Le **Ministère de la Montagne de Feu et des Miracles** (MFM) est un Ministère du Plein Evangile consacré au réveil des signes apostoliques, aux œuvres et miracles du Feu du Saint Esprit et à la démonstration illimitée de la puissance de Dieu à délivrer au-delà de toute mesure. On y enseigne ouvertement la Sainteté absolue à l'intérieur et à l'extérieur comme étant le plus grand désinfectant spirituel et une condition préalable pour aller au Ciel.

MFM est un Ministère Evangélique de " *faites-le vous-même* " où vos mains sont entraînées au combat et vos doigts à la bataille.

www.ingramcontent.com/pod-product-compliance
Lightning Source LLC
Chambersburg PA
CBHW060102050426
42448CB00011B/2581